एकान्त के क्षण

कविता संग्रह

अशोक बैरागी

Made with ♥ on the Notion Press Platform
www.notionpress.com

अपनों से.....

कविता अन्तस मन का संवाद है.....जहां तक मैं समझता हूं, कविता को व्यक्त करने के लिए अनिर्वच-मन की कल्पना पहली और आखिरी शर्त है। कविता के अभिव्यक्ति के लिए कोई विशेष अवसर..... समय अथवा स्थान उतना महत्वपूर्ण नहीं होता--जितना कि समझ व कविता की पैठ के लिए प्रतयुक्त भाषा की सहजता। कविता तो.... स्वयं अन्तस से उपजी सहत निःसृति है -- और.... जो सहज निःसृति है, उसे अपने प्रवाह के लिए किसी सहारा की...... कैसी आवश्यकता (?) आखिर झरने की निःसृति को कौन रोक सका है..... नदी किसी के बताये हुए पथ से कहां गुजरती है.... पेड़ कहां किसी के कहने से फल देते हैं....(??).... यह सारी की सारी प्रक्रिया स्वयमेव है -- जिसमें हम आप शामिल होकर अपनी क्षमता भर लाभ उठाते हैं। कवि अपनी कविताओं का स्वयं गुरू है -- उसे कविता के लिए किसी भूमिका की आवश्यकता नहीं.... क्योंकि कविता की पीड़ा का वह ही तो प्रथम परिचायक है। मेरी कवितायें.... मेरे अपनों के बीच से निकली हुयी अपनी व्यक्तशः अनुभूतियां हैं... जो कि, जस-तस हैं। मैंने उन्हें अन्तस से स्वीकारा है.... यदि कहीं आपको इन कविताओं में घर..... समाज.... अपनों का प्रतिबिम्ब दिखे तो मैं मानूंगा.... एकला से परिवार बना.... परिवार से संघ.... संघ से समाज। वर्षों पूर्व लिखी ये कवतायें आज भी मेरे लिये...... मेरे एकान्त की सुखानुभूति हैं।

-- अशोक 'बैरागी'

क्रम-सूची

क्रम-सूची

क्रम-सूची

प्रस्तावना

वो जो....... मुझमे अपनी
कल्पना के सारे रंग देखा करती है
वो जो..... नहीं जानना चाहती.... कि,
उसके जीवन की कविता का
कौन सा रंग चटख है......?
फिर भी........ मुझमें ही
उसे अपनी कविता के
आकाश की तलाश रहा करती है
उसी को..... उसकी.... उस
छोटी सी तलाश की पूर्ति में,

अपनी सहचरी.... "वन्दना" के लिए!

1. तुम नदी होकर भी तट से जुड़ी हो...

जानता हूं प्रिये!
तुम हमेशा आटे की तरह
गुंथती रही हो......
शक्ति भर,
रोटी की तरह नाचती रही हो
हमारे आन की आंच में
तपती रही हो
इन सबके बावजूद
मेरें चारो ओर
पर्दे की तरह टंगी रही हो।
इतना ही नहीं
अपने भीतर का सारा...का सारा...
ज्वार छिपायें......हमेशा तुम,
मर्यादा की मूर्ति रही हो।
और मैं....... तुम्हारे लिये,
कुछ भी तो न कर सका।
वो तो तुम हो.......
जो नदी होकर भी
तट से जुड़ी हो ....
सचमुच बहुत बड़ी हो ।
मृदंग के थाप पर ......
बांसुरी की धुन पर .....

अन्तस को झकझोरती
मीत तुम.....!
दर्द भरे गीत की कड़ी हो।

2. चौंको मत...

सुबह से लेकर शाम तक
मेरी प्रतीक्षा में खड़ी
तुम नही थकीं.......सिर्फ
स्पर्श मात्र से कैसे......
छुईमुई हो गयीं.....ss......(?).
सुनो.......!
पलकों पर पड़े लज्जा
के बोझ को हटाकर अपनी
पलकों को जरा ऊपर तो उठाओ
एक बार फिर इन हिरणी आंखों से
मेरी ओर देखकर मुस्कराओ।
मेरे समीप आकर
अपनी देह-यष्टि की
चन्दनी गंध की अनुभूति दे जाओ।
जानती हो.........तुम्हारे,
भोर की तरह गुनगुनाते होंठ
घूप सी चमकती.....
ये गुनगुनी देह.........
संध्या सी सिंदूरी होकर
जब....तब......
अन्तस के तारों को छेड़ जाती है।
प्रिये....!
तुम अपनी अंगुली बांसुरी की तरह

मेरे अधरों पर धर दो.....।
प्रिये....!!.....जानती हो
प्रीति की धुन छेड़ते हुए
तुम्हारी आंखों में झांकना......सचमुच,
ब्रम्हाण्ड की अपरिमेयता मापना है।
मेरे वक्ष-स्थल पर अंगुलियों से
तुम्हारा इस तरह कुरेदना.....
भावना के सागर से जनित......
अलभ्य-सुख के अमिय का पान करना है।
प्रिये आओ....न...s...!
एकान्त की आकुलता को
स्पर्श की भाषा की......अभिव्यक्ति दे दो....
चौंको मत ....अब टोको मत.....
अपनी देहमयी कविता को
मुझे.......बूझने दो.........पढ़ने दो.......।।

3. फूल की पांखुरी...

तुम कोई फूल की पांखुरी
तो हो नहीं......हो
जब चाहे..... खिलो
जब चाहो....टूटकर बिखर जाओ।
खिलना.....टूटना.....बिखरना.......
कोई खेल तो है नहीं....(?)
हमारे लिए नियति हो सकती है।
फिर भी.......मैं तुम्हारे,
खिले हुए फूल की तरह.......
उस रूप की लावण्यता को
नहीं भुला सकता......।
तुम्हारी मुस्कराहट की,
भीनी-भीनी खुशबू के.....
मौन आमंत्रण को.....नहीं ठुकरा सकता।
मैं भंवरा बनकर.......
तुम्हारे चारो ओर मंडराते हुए
गुनगुनाना चाहता हूं.......।
बस..... एक बार.....केवल एक बार........
मेरे मन में झांकने की कोशिश करना....
बस तुम मेरे लिए फूल सा खिली रहना...
कल जब मैं,
खाली गुलदस्ते को भरने के लिए

तुम्हे तोड़ने आऊं...तब चाहे......
भले पंखुरी....पंखुरी होकर बिखर जाना....।।

4. विश्वास...

जब एकाएक टूटने लगती है
विश्वास की डोर...... तब...
तनाव.....मस्तिष्क की सारी नसों को
निचोड़ कर उसे........
संज्ञा-शून्य बना देता है ।
एक दूसरे के समीप....
लेटे हुए........
रात गुजारने के बावजूद
बनी रहती है......
न जाने कितनी दूरी......।
न जाने कितना.....गहरा जाता है
रात कर सन्नाटा......और
चुपचाप बिस्तर में सालता रहता है
अविश्वास का उगा हुआ कांटा......।
जबकि जानती हो तुम भी.......
भली भांति समझता हूं मैं भी.....
अब......तुम....तुम नहीं
अब मैं....मैं नहीं
'मैं' और 'तुम' मिलकर
अब.....केवल 'हम' हैं।
सच तो यह है........
यही 'हम' बांधे है
हमें और तुम्हें.....

एक विश्वास की डोर में....लेकिन,
यकायक जब कभी...
लगती है विश्वास को ठेस
तब भीतर का 'मैं'
मैं...को 'मैं' नहीं रहने देता
और ना ही तुम.....को 'तुम'
टूट जाता है 'हम'
बिखर जाते हैं अक्षर
बिखरे अक्षर के बीच से
झांकता रहता है......
एक दूसरे का 'अहम्'....
जोकि / 'मैं'.....और 'तुम'.....को
कभी नहीं होने देता एक
हर क्षण कराता रहता है बोध कि,
मैं.....'मैं' हूं.....और तुम....'तुम'...हो।।

5. गुलाब...

बेला के फूलों की
भीनी-भीनी खुशबू.....हवा के साथ
खिड़की सें आ रही है.........
लगता है ....क्यारी पानी से तर है।
आओ......बाहर बगिया में चलें,
ये जूही के फूल.....
आकाश में खिले तारों से कम तो नहीं।
हवा के झोंकों के साथ
पके कैथे की गंध लिये
ये चम्पा की महक.......देखो,
कितनी भली लग रही है......है...ना....s...s.....!
तुम चुप क्यों हो.....(?)....कहो तो....
तुम्हारे जूड़े में......सुन्दर सा फूल टांक दूं।
अपनी बड़ी-बड़ी आंखों से
मत देखो इधर-उधर /कुचालें भरती.....
हिरणी का आभास होता है/तुम्हारा,
सलमा सितारों से जड़ा
आंचल बहुत प्यारा लग रहा है
लाओ इसमें चांदनी भर दूं.......
पूरा का पूरा आकाश लगेगा
न...न...ना अपने फैले आंचल को मत समेटो,
मैं समझ गया तुम्हे क्या चाहिये

चांदनी नहीं.....ऽ...ऽ..ऽऽ..तुम्हें तो
अपने आंचल में गुलाब चाहिये।।

6. पंखुरी पंखुरी गुलाब की...

अक्सर न जाने .....मैं तुमसे....
कितना कुछ कह जाता हूं
कडुवी.....कसैली.....
मन की गुबार भरी बातें
और तुम हो....कि
सब कुछ सुन लेती हो
कैसे सब कुछ सह लेती हो ....?
कभी तो ज्वालामुखी फूटता है.......
लावा बनकर........बहता है।
ता...sज्जुब....है तुम्हारे साथ
ऐसा क्यों नहीं होता है.....??
तुम कभी तो........
शिकायत कर लिया करो।
क्रोध के आंच में तपकर
मन की बातें कह लिया करो।
तुम्हारे इस मौन से
मैं भीतर-ही भीतर घबरा जाता हूं
पीपल के पत्ते की तरह.....
थरथरा जाता हूं......।
जबकि....मेरे मन का चोर.......
तुमसे स्पष्ट कुछ नहीं कह पाता
अपनी गलती महसूस करते हुए भी

अहम्......उसें स्वीकार नहीं कर पाता।
इक तुम हो कि......मेरी गलती को
गलती मानती ही नहीं......जैसे,
मेरे अलावा कुछ जानती ही नहीं।
हठात्.......जब तुम.....अंगुली में
अपने आंचल के छोर को लपेटते हुए
अपनी अधखुली पनीली आंखों से
मुझे देखती हुई......अपनी,
अबोली..... भाषा की सारी की सारी उष्णता
निःश्वास में भर देती हो......और
सत्य को झुठलाने की नीयत से
चुपचाप.....आंचल के छोर से
अपने आंसुओं को पोंछती हुई
निःशब्द.... कमरे के बाहर चल देती हो
तब मैं.....s...s..
उन व्यैक्तिक क्षणों में
केवल यह महसूस करने की
कोशिश करता हूं कि,
मेरी कविता और जीवन में
आखिर.....किन फूलों की खुशबू है.....?
गले में पहिनाये गये उस हार की.....
अथवा
मेरे चारो ओर बिखरी हुयी
पंखुरी....पंखुरी....s...s...इस गुलाब की......???

7. मात्र तुम...तुम...हो...

तुम अल्ल सुबह किरणों के साथ
रोज-रोज उठ जाती हो
लेकिन तुम्हारी आंखों में
कोई नया सबेरा नहीं......?
सबसे पहले तुम्हीं ,
चिड़ियों का चहचहाना सुनती हो
लेकिन तुम्हारा मन.....
चहकती हुयी कोई चिड़िया भी तो नहीं....??
मैं जानता हूं.......
भोर की बेला में
नलके की टोंटी से आने वाले पानी की
तुम प्रतीक्षा हो........।
पति से लेकर
बच्चों के बिस्तर के पास खड़ी
चाय का प्याला लिए
तुम भोर की चाय हो.........।
कहीं इन सब से अलग हट कर
तुम हांथ में झाड़ू लिए
घर के कचरे को बहोरती
भाव रहित अभिव्यक्ति हो ....।
शायद तुम यही सब कुछ हो....
हो सकता है,
उसके आगे भी तुम बहुत कुछ हो।

चूल्हे की आग....
रोटी के लिए गूंथा आटा.....
चाकू के बीच कटती सब्जी......
अगर कुछ नहीं हो....तो,
अपने बचपन का सपना।
जिसे तुम अपने पिता के घर से
तलाशती हुई.........चुपचाप
डोली में बैठकर.......
ससुराल तक चली आयीं।
सच-सच बताना....!
क्या यही था तुम्हारा सपना.....(?)
चूल्हे की आग.....
विस्तरा......
बच्चों का गन्तरा.......
चलो माना........ ये जीवन के गीत का
अन्तरा हो सकता है
लेकिन........
तुम्हारे सपनों के गीत का मुखड़ा नहीं।
मन ही मन.....
परत दर परत.......
प्याज की तरह..... अपने आप में
सिमटी हुयी तुम,
मात्र तुम....तुम हो......सिर्फ तुम.......।।

8. दाल...

माथे पर चमकती हुई
पसीनें की बूंदें
तुम आंचल के छोर से
मत सुखाया करो..........।
जानती हो.........?
तुम्हारे चेहरे पर चमकती हुई
श्रम-सींकर.....कमल पर ठहरी हुई
ओस की बूंदों की तरह
मुझे बहुत भली लगती हैं।
आओ मेरे पास आओ.....बैठ जाओ
मैंने मिश्री सी घोली........
तुम्हारी सुरीली बोली......
अभी तक नहीं सुनी/जबकि,
घूप चटख कर फैल गयी है,
आओ मैं तुम्हे.......
आंगन में उगे....
केले के पेड़ की
पूजा का फल दे दूं......।
तुम्हारे टेसू की तरह आरक्त
कपोलों को..........
लज्जा की लालिमा से भर दूं।
मत झुकाओ अपनी पलके
मैंने तो केवल.......

कमल की पंखुड़ियो पर
अपना नाम लिखा है.......।
अरे.....s...! छोड़ो भी.....जाने दो......देखें,
पतीली का सारा पानी जल रहा है......
गंध आ रही है........
दाल नहीं गली
हां.....हां....s..s...जाओ......ss....जाओ......
देखो,
सचमुच.......दाल........नहीं गली...s...s....s...।।

9. आकाश...

क्या तुम्हें याद है.......
जब तुम लाल जोड़े में सिमटी
लम्बा सा घूंघट निकाले......
अपने आप में
कुछ गुनती.......कुछ बुनती......
अपने ही उघेड़ बुन में...........
पलंग के एक किनारे.........
चुपचाप सिमटी बैठी थीं
और मैं,
तारों की मध्यम रोशनी में
उस घूंघट के भीतर की रेखाकृति
को समझने की......
असफल कोशिश कर रहा था।
सच कहता हूं.....मैं,
खिड़की के पास खड़ा होकर
पूर्णमासी के चांद को,
बादलों की ओट में देखकर
मन नही मन उसे कोस रहा था....
अरे!...यह चांद जल्दी से जल्दी
बादलों के बीच से क्यों नहीं निकलता.....?
छण-भर को आकर इस खिड़की पर,
क्यों नहीं ठहरता........??
तभी तुम.....न जाने कब उठकर......

कुछ ठिठक कर......लता सी.....
मेरे पैरों पर झुक गयीं थी......
और मैने......
तुम्हे उठाकर.....
अपनी बाहों में भर लिया था....
उन क्षणों में
मुझे ऐसा लगा था......जैसे,
मैने पूर्णिमा के चांद के साथ ही साथ
आकाश को भी,
अपनी बांहों में समो लिया हो...।।

10. इंतजार...

तुम कुछ कहो अथवा न कहो
फिर भी,
मैं तो यही कहूंगा कि.....तुम,
मेरा मौन व्यैक्तिक विचार हो
मैं कसे कहूं कि.........
घर की देहरी पार करते ही
दरवाजे के बीच.....
तस्वीर सी जड़ी तुम
कुछ न कहती हुई जब.......
अपने नाखून से
चैखट की लकड़ी को
कुरेदती हुयी......फिर सहसा
मेरे ओर देखकर.....
अपनी पलकों को झुका लेती हो
तब.....
अनजाने में ही.....मुझे
ऐसे बन्धन में बांध लेती हो.......कि
शाम होते ही.....मैं बेवश सा.....छटपटाता.....
तुम्हारी ओर दौड़ पड़ता हूं....
और तुम्हे,
सुबह की भांति पुनः
दरवाजे की चैखट के बीचो-बीच
जड़ा हुआ पांता हूं।

तुम्हारे होठों के बीच से झांकती हुई
तुम्हारी धवल दन्त पंक्तियों को.....
देखकर मुझे लगता है कि .....
गुलाब की कलगी में
मोंगरे के फूल टंके हैं........
तुम्हारे जूड़े पर टंकी....
जूही चम्पा की वेणी से.....
टकराकर लौटती हुई सांसे,
अक्सर मुझे, यह कहने के लिए
विवश कर देती हैं कि,
मेरे घर में .....
ऋतुराज बसन्त उतर आया है
लेकिन.......
कोयल की वो मधूर कूक कहां........???

11. माननी...

आकाश के खुले झरोखे से
बहकर आ रही सर्द हवा
शरीर को ही नहीं.......
आत्मा को भी ठिठुरा देती है।
दांत पढ़ने लगते हैं पहाड़े
और हांथ.......
अनजाने में ....बिस्तर में
तलाशने लगते हैं.....
तुम्हारा साथ......।
लेकिन्.....
रात की नीरवता की तरह
बिस्तर में लेटी होती है........निस्तब्धता
कमरे की खिड़की से
झांकते हुए तारे......
व्यंग भरी मुस्कान लिए......
हमें अकेलेपन का कराते रहते हैं बोध।
मुझे तो लगता है.....
ये तारे नहीं.........
तुम्हारी वेणी से टूटकर
बिखरे हुए चमेली के फूल हैं/ जोकि,
हमारी भूल पर,
खिलखिलाकर हंस रहे हैं।

माननी.........!
इस तरह मान लेकर,
तुम्हें तो कभी रूठना नहीं आता था।
सच-सच बताना.....इन दिनों
क्या तुम नेपथ्य के पीछे....
पुराने भूले हुए संवादों को याद करने की....
कोशिश नहीं कर रही....?
दर्शक-दीर्घा....दूर है...अभी...बहुत दूर है......
रंगमंच भी खाली है....
अब बता भी दो...ऽ....अपने मन की बात
क्या ये नए संवाद....तुम्हें चुपचाप,
भीतर ही भीतर.....नहीं साल रहे...?
मत प्रतीक्षा करो....घटित होने की.....
रंगमंच के नेपथ्य के खुलने की....
दर्शक मात्र दर्शक होता है
उसे समझाइस की
कतई पैमाइस नहीं होती।
जानती हो.......! केले के पेड़ में फूटी नई कोपल
उत्सुक निगाहों से....तुम्हें खोज रही है।
उसके पुराने पत्ते कुछ और लम्बे होकर....
आपस में आलिंगन भरकर...वन्दनवार बांधे
तुम्हारे आगमन की आशा में...
मौन धरे... तुम्हारी राह तक रहे हैं।
क्यारी में खिला हुआ गुलाब
नई टहनी के सहारे....सिर उठाकर,
प्रतीक्षा कर रहा है...उस हांथ की

जो क्यारी में पानी देते हुए....
उसे प्यार से......दुलरा दे....ऽ...ऽ...।।

12. अंकुर...

तुम्हारी दांतों में
दबा हुआ साड़ी का पल्लू
तुम्हारे मन की खुशी की
चुगली कर रहा है।
तुम्हारी आंखों में तैरती हुई
चमक भी.........
कुछ ऐसा ही कह रही है।
बताओ.....s....न...
क्या आज तुम्हारा जन्म दिन है ?
नहीं.....s......s...
जरूर तुम्हारे गुलाब के पौधे में
फूल खिला होगा....??
उं...हूं.....s...
ये भी नहीं.........वो भी नही.....
कुछ तो है.....देखों,
मत सताओ........।
पोर-पोर बांसुरी सी मत खिलचिलाओ.......।
ए! कुछ तो बताओ,
आओ......मेरे बांहों के किनारों में
नदी सी समा जाओ.......।
सुनो...!.....अब चुपके से कह भी जाओ
उं...s...हूं....s...s
हूं.....ss....ss....

तुम्हारे रोपे हुए पौधे का
अंकुर फूटा है.......
सच....न....न.....शरमाओ नहीं
प्रिये ये अंकुर नहीं.....
हमारे प्यार की उफनाती हुई नदी के,
दोनो किनारों को मिलाने वाला.... हेतु है.....
यह तुम्हारे और मेरे मैं को
'हम' में बदलने वाला........सेतु है.......।।

13. बातें...

सुबह की धूप
खिड़की से झांकने लगी है
शायद.....तुम,
अभी-अभी नहा कर आयी हो...
अब.....तुम
दर्पण के सामने बैठकर
उससे घंटों बातें करोगी....
जबकि.....
मेरे साथ
रात के अंधेरे में भी.......
दो-बातें करती हुए
न जाने क्यों.....तुम,
अक्सर घबरा जाती हो....।।

14. घर...

मुझे याद है,
तुम्हारे धर से चलकर....
थोड़ा और आगे......बढ़ते ही.....
बहती हुई....वो गंगा नदी।
चांदी सा चमकता,....
रेत भरा......
उसका मोहक किनारा।
जहां कभी....
तुम्हारे और मेरे पापा,
पुण्य कमाने के बहाने
गंगा नदी में डुबकी लगाने....
तुम्हारी और मेरी उंगली थामें
अक्सर हमें....
अपने साथ-साथ ले जाया करते थे।
हम उनसे हटकर.....
गंगा नदी के तट पर......
अपन- अपने घरौंदे बनाया करते थे।
जब तुम......
केसरिया रंग में
गुलाबी-पन का पुट लिए
अपने नन्हे....नन्हे पैरों पर
ढेर सारी रेत जमाकर
धरौंदा बनाने के इरादे से....

यकायक.......जब....
रेत की ढ़ेरी के बीच से
अपने पैरों को....
आहिस्ता-आहिस्ता
बाहर की ओर खींचती/फिर,
ढेर हुए...... अपने धरौंदें को देखती
तब मेंरे पास आकर....
मेरे धरौंदे को देखकर....
चिढ़कर कहा करती थीं....
घर बनाना मेरा नहीं....
तुम्हारा काम है.....
तब मैं....
यह सुनकर बहुत खुश होता था
लेकिन.....आज मैं,
तुम्हारे कही गयी
उस बात का मतलब
अच्छी तरह समझ गया हूं
(कि),...
घर बनाना मेरा काम है......
और.......
उसे बसाना तुम्हारा......।।

15. मान...

कुछ तो कहो
कोने में सिमटी हुसी धूप की तरह
मत बैठो.......।
तुम्हारे आरक्त कपोलों में
संध्या की लज्जा की ये लाली
भली लगती है.........
इस तरह छुईमुई मत बनो।
आओ......मेरे समीप आओ
भावनाओं के पांखी आकाश में
विचरते हुए अच्छे नहीं लगते।
तुम्हारी चम्पई देह से ....
झरती हुई गंध......
पीली पड़ती हुई धूप को
गरमाने लगी है।
तुम्हीं बोलो.....
क्या तुम्हारे एकान्त को
कुरेदने के लिए
भाषा का स्पर्श काफी नहीं है....(?)
अंधकार की भांति गहरा
तुम्हारा मौन......लगता है
आहत मन का चिन्ह है।
जानती हो.......
एकान्त की उत्तेजना

मानस-पटल पर
चिन्तन का अभिलेख.....
नहीं लिखा करती /बल्कि,
आस्था को कुरेद कर
अविश्वास का प्रत्यारोपण करती है।
अपने मान को लेकर
मेरे स्वत्व को मारकर......
आखिर तुम क्या पाओगी......?
तुम्हारी ये आंखें
बरसात के लिए नहीं हैं।
तुम्हारे गुलाब से अधर
आहत मन की भाषा प्रकम्पन
के लिए भी तो नहीं है........।
प्रिए !.....स्मृति के शब्द
स्पर्श की भाषा.....
गोपन इंगन का अर्थ.....
प्रकम्पित अधरों की रागनी.....
लेकर आ भी जाओ......
अब मत कुछ कहो.....
मेरी भावुकता की कविता में
तुम भी बह जाओ
मत शरमाओ......
तुम ऊषा की सहेली तो नही.......?

16. आज भी चुप हूं...

आग की आंच में
सिंकी रोटी की तरह
मैं.....रोज-रोज...
तुम्हारे सामने होती हूं
फिर भी तुम्हारे मन में
सीता की तरह
मेरी......अग्नि-परीक्षा की
हर-रोज चाहत बनी रहती है.....।
मैं.....आलू के भरते की तरह
अपने कुचल हुए......अरमानों को लिए
हमेशा तुम्हारे जिन्दगी के......
स्वाद को बढ़ाती रहती हूं।
और तुम.......
स्वाद के अतिरेक वश
तिक्तता से भर उठते हो।
घर की चहर दीवारी में
अपनी अस्मिता को समेटे हुए
घुटी हुई दाल में.......नमक की तरह
मैं सब के बीच शामिल रहती हूं
इसके बावजूद......
फीकी कहकर तुम्हारा नकारना
मुझे भीतर तक साल जाता है।

तुम......अक्सर मेरी बातें
सिगरेट के धुएं सा.....
हवा में उड़ा देते हो/फिर भी,
गर्म चाय कर तरह....... मैं,
हमेशा तुम्हारे सामने हाज़िर रहती हूं।
आज मेरा मन......
अंगीठी की तरह सुलग उठा है
वर्षों बाद वितृष्णा से भर उठा है।
घर....बच्चे....दफ्तर.....क्लब.....s...s...
सबके सब तुम्हारे हिस्से
रिश्ते....सिर्फ.....रिश्ते.....ss....s....
हमारे....हिस्से....?
मैं तोड़ना चाहती हूं भ्रम....
मैं पाना चाहती हूं क्रम......।
पिता के घर से.....पति के घर तक,
डरी...डरी....s...सहमी.....सहमी......
नितान्त अकेली...... मैं,
अपने आप को खोजती रही हूं/उस
वर्षों पुराने प्रश्न का उत्तर ढूंढ़ती रही हूं
तब.....मैं...लड़की थी/बहू थी/पत्नी थी....
आज मैं....मां...s...हूं।
फिर भी उत्तर नहीं खोज पा रही हूं
कहां थी.....(?)....कहां हूं......(??)
कल भी नहीं जान पायी....
आज भी नहीं जान पा रही हूं....

अशोक बैरागी

प्रश्न के उत्तर की खोज में....मैं,
कल भी चुप थी......आज भी चुप हूं।

17. चुभती हुई पंक्ति...

तुम्हारी सारी की सारी उर्जा
चूल्हे में चढ़ी
कुकर में पक रही
दाल की तरह है........।
तुम भी....चुपचाप
भीतर ही भीतर उफनाकर
अपनी भावनाओं को.....दाल की तरह
गलाकर पका देती हो........।
तुम्हारे मन के सारे स्वप्न
थाली में परोसे गए....उस
व्यञ्जन में नमक की तरह हैं / जोकि,
हर एक के स्वाद के
अतिरेक को पहिचानते हैं......।
तुम्हारी सारी की सारी अभिव्यक्ति
कढ़ाई में पक रही....कढ़ी की तरह है........।
जो उबाल लेकर भी.....
अपने खट्टेपन का
एहसास नही होने देती।
मैं बार-बार सोचता हूं
क्या इन सबसे हटकर भी
क्हीं तुम्हारा अस्तित्व है....(?)
होगा.....तुम भी स्वीकारती हो

ये बच्चे....ये घर......आप.......
सब मेरे अपने ही तो हैं......।

18. मैं मानता हूं...

एक तुम्हीं तो हो......जो
इन सब में हो......./लेकिन
तुम में कौन है......?
मैं उसे नहीं ढूंढ़ पाता......और
न ही तुम उसे प्रकट कर पाती।
तुम्हारा बचपन.....
यकायक तुम्हारे चेहरे पर आकर
प्रौढ़ हो गया है.....जिसे
पढ़ा नहीं अपितु.......
समझा जा सकता है।
तुम्हारी आंखें.......
अपने सारे सपने भूलकर
मौलिक उदासीनता लिए.....
भाव शून्य हो गयीं हैं.....।
जिसे बूझना.....
गव्हर समन्दर में गोता लगाना है।
मन जिज्ञासु है,
बरवस पूंछता है.........क्या हुआ?
तुम आटा गुंथे हांथों से
माथे की लटें हटाती हुई
फीकी मुस्कान लिए कह देती हो
कुछ भी तो नहीं.......ऽ...।

इस कुछ में बहुत कुछ है
जिसे तुम.......सिलसिलेवार
याद कर पाने में असमर्थ हो।
मैं जानता हूं तुम्हें....अपने
औरत होने पर कोई मलाल नहीं है
असंतोष हो सकता है.....सम्भव है
लड़की होने के नाते,
तुमने अपना बचपन खोया हो
युवती होकर.......अपने सपने
पत्नी बनकर.......अपना मन
मां होकर.....अपना अस्तित्व
औरत होने के नाते,
तुम अक्सर.....
कुछ न कुछ खोती ही रही हो.....।
खोना तुम्हारी नियति है.....
शायद यही तुम्हारी प्रकृति है....?
मैं तुम्हे जितना बूझना चाहता हू।
तुम कही उससे ज्यादा अबूझ हो।
ठीक....चाय की प्याली में
दूध/शक्कर/चाय की पत्ती की तरह
घुलकर.....तुम चुपचाप,
भाप की तरह उड़ जाती हो......।
तुम्हारे अस्तित्व खोने के बावजूद
शेष रह जाता है.....
मात्र...तुम्हारे होने का एहसास.....

किसी मार्मिक कविता की,
चुभती हुयी पंक्ति की तरह.....।।

19. स्मृति-चिन्ह...

कितना कष्टकर होता है
कही गयी बात का.....अर्थ समझ लेना।
कितनी विकट....परिस्थिति होती है
संदर्भ हीन अंधकार में
तथ्य-हीन शब्दो के आधार पर
रोशनी की व्याख्या करना
जबकि, मैं.....तुम्हारे सान्निध्य मात्र में,
अपनी सारी सम्पूर्णता
खोजता रहा हूं.....।
तुम्हारी भाषा की...भीनी-भीनी खुशबू से
स्वयमेव सराबोर होता रहा हूं।
मुझे आश्चर्य है......सम्पूर्णता के साथ
स्वीकारी जाने वाली बात,
बहस के लिए......
प्रसंग बनकर क्यों खड़ी हो जाती है....?
हां...हां...बिगड़ो....s...s...झल्लाओ.....ss...
लेकिन इस तरह तो न देखों....
पर्दे के पीछे से किया गया इशारा
तुम्हारी अस्मिता जगाने के लिए था
हठात्.....तुम्हारे उत्सव में प्रवेश करने का
मेरा कोई इरादा न था.....।
उत्सव के उपरान्त
मैं तो यह भी नहीं जानता कि,

कब....और कैसे.....अपने घर पंहुचा....?
यहां कोई भी नहीं है.....
नितान्त मेरा एकाकी-पन है।
फिर भी इस एकान्त में
दार्शनिक अंधकार का आलाप है.....
स्मृतियों के दर्शक-दीर्घा से
व्यर्थ बोला गया चुटीला संवाद है।
आखिर क्यों ले आए मुझे.....?
सार्वजनिक रूप से घटित होने के लिए....??
अलिखित....अनिर्देशित.... नाटक
कभी प्रसंशित नहीं होता
जड़ाऊ/अलंकृत/संवाद-हीन
पात्र कभी स्थापित नहीं होता......।
फिर भी स्मृतियों के क्षण में
तुम्हारी भाषा की भीनी-भीनी खुशबू
अभी भी मैं अपने चारो ओर
महसूस कर रहा हूं........
तुम्हारे सान्निध्य में
बिताये हुऐ क्षणों के बीच....मैं
अपनी सारी सम्पूर्णता देख रहा हूं......।।

20. वर्तमान युग के संदर्भ...

ओ! वर्तमान युग के सन्दर्भ,
तुम्हारी व्याख्या से
जीवन के सभी पृष्ठ भर गए हैं
और.....यहां....
सिवाय दिवा-स्वप्न
और निराशा के चित्रों को छोड़कर,
ज़िन्दगी की खूंटी पर टंगा हुआ
अन्य कोई खूबसूरत मजाक नहीं...है?
फिर भी
आज के युग के,
नेपोलियन......राणा प्रताप
अपने-अपने हाथों में
इस आशा से.......
भाला और तलवार लिए खड़े हैं,
शायद.....
इतिहास अपने आप को दोहराये
और,
परिवर्तन के नियमानुसार...
एक बार फिर

हल्दी घाटी और वाटर-ल्यू के
चित्र सामने उभर कर आयें......???

❧❧❧

हल्दी घाटी और वाटर-ल्यू के
चित्र सामने उभर कर आयें......???

21. तांबे का गिलास...

मैंने पिया है
तांबे के गिलास में
नीबू का रस मिला हुआ दूध
और....सीखा है,
कसैले अनुभवों के बीच जीना।
क्योंकि....
मैं सभ्यता के जिस
जंगल में पला हूं,
वहां सभ्य नाग बसते हैं,
उनके दांत कुंद पड़ गए हैं
फिर भी,
वे दुम पटक कर......फुफकारते हैं,
जनमेजय के नाग-यज्ञ से
उनकी रीढ़-तंत्र शिथिल पड़ गयी है
लेकिन....
वे आपस में लड़ने से नहीं चूकते।
आस्तीक के बल पर अभय पाने वाले
ये मीठे-सर्प-दंशी!...
अपने अभय-दाता को
वचन देकर भी
किसी को......डसने से नहीं चूकते......।।

22. अस्मिता की पहिचान...

सूरज के रथ के लीक को
उकेरती.....ये घरती.....
मंदिर की आरती है
मस्ज्दि की नमाज़ है
पूरब से पश्चिम तक
उत्तर से दक्षिण तक
अस्मिता की पहिचान है।
मेरे दोस्त.... ये धरती
ना तो सिख है....न इसाई
ना तो हिन्दू है......और
ना ही मुसलमान है।
गौतम की अहिल्या
अत्रि की अनुसुइया
सत्यवान की सावित्री
दुष्यन्त की शकुन्तला
की तरह.....
सुबह की ओस से नहायी
दोपहर की धूप सी खिली
चांद की स्निग्धता में डूबी
ये न्यारी धरती.....
ना तो धृतराष्ट्र का मोह है

ना ही अर्जुन का तीर है/बल्कि,
द्रौपदी की पीर है......।।
ये धरती.....!
दर्द भरे गीत की कड़ी है
कुंती की तरह ....बहुत बड़ी है
झरना की तरह पावन
पर्वत सी उन्नत.....
सागर सी गव्हर......
आकाश सी विशाल है।
तुलसी की रत्ना
बुद्ध की यशोधरा
ईसा की मरियम की तरह
ये धरती......आचरण है.....विस्तार है
आग है......अंगार है....
सोच का आधार है।
चिड़ियों सा चहचहाती
फूलों सा मुस्कराती
चांद-तारों को दुलराती
सबको बांहों में समेंटे
बूढ़ी नानी की तरह
कल की कहानी कहती
पुण्य-पुनीता है
कृष्ण की गौरवमयी गीता है
सच पूंछो तो.........
हरण की परिणति में
मौन वरण किए

वनवासी राम की सीता है
ये धरती....हमारी धरती.....
तुम्हारी धरती.....सबकी धरती..

23. ख़ारिज़ होती हुयी ज़िन्दगी...

वर्षों की बेराजगारी के बाद
टूटी हुई कमर
सीधी करने के पश्चात
मुट्ठी में जकड़े हुए
चंद कागज के टुकड़े......
मुझे ऐसे लगे......जैसे,
मेरी अंधेरी ज़िन्दगी में ....
आशाओं के सैकड़ों सूरज
एक साथ जगमगा उठे हों।
मैं मन नही मन आश्वत् होता गया
कि अब......कम से कम
अपने कुछ पुराने
सपने तो खरीद ही सकता हूं....।
क्यों न मां के लिए
एक अच्छा सा चश्मा ले लूं.......?
जिसने,
अपनी फटी हुई धोती
के तारों की तरह
मेरी ज़िन्दगी के तारों को
मिलाते-मिलाते
अपनी आंखें....
उम्र से ज्यादा बूढ़ी कर ली हैं।

कम से कम अब तो,
डोरी के सहारे......
आंख पर टिका हुआ चश्मा
नाक के नीचे तो नहीं खिसकेगा....??
फिलहाल....पत्नी के लिए
एक मंगल-सूत्र काफी होगा।
सावित्री ने तो......सत्यवान को
एक ही बार जीवन दान दिलाया था
लेकिन,
मेरी पत्नी....रोज ही
मेरे मुर्दा-मन को
इक नया जीवन देती रही है।
एक एक कर....
अपने सारे जेवर देकर....
पूरे परिवार को....
मौत के मुंह से लौटाती रही है।
वेवकूफ है....अगर मैं कुछ ले गया
तो भी....यही कहेगी...s....s..
आप अपने लिए एक अच्छी सी शर्ट
पैरों के लिए नई चप्पल ले लेते.....
आखिर क्या करूंगा मैं.....
नई शर्ट लेकर
स्वेटर के नीचे मेरी फटी हुई शर्ट
एक-दम नई दिखती है....।
चप्पल पुरानी सही...
फिर भी,
रोज़मर्रा का साथ तो निभाती ही है।

अरे! हमारे सपने तो बूढ़े हो गए हैं
सोचता हूं...
अपने नन्हे मुन्ने का
एक अदद सपना खरीद लूं.....
चार पहिए वाली मोटर कार
या फिर,
सूं.....S...S..SS...करती हुई...
हवाई जहाज....उड़ान भरने को तैयार।
अफसोस.....घर पंहुचते ही
मेरी सारी संभावनाए......मर गयीं।
मेरे सारे के सारे स्वप्न
पंख फड़फड़ा कर उड़ गए....।
मकान मालिक का चैकीदार....
साहूकार का भेजा हुआ असामी.....
एक साथ मिलकर.....
मेरी बंद मुट्ठी खोलकर
मेरे सारे सपनों को...
अपने पैरों तले...रौंद गए।
मेरे सैकड़ों सूरज की हत्या हो गयी
मेरी सारी आकांक्षाएं...
एक-एक कर दम तोड़ गयीं।
और मैं.....S....S..
कुछ न कर सकने की प्रक्रिया में
जड़ होकर रह गया.......।
मेरी पत्नी की आंखों में तैरता हुआ पानी
जैसे मुझसे पूंछ रहा हो,
अब कल क्या होगा.....?...?

मां के आंखों पे डोरी के सहारे
नाक पर टिका हुआ चश्मा.....
जैसे.....मुझसे प्रश्न कर रहा हो...
बेटा....s..ss..!
गृहस्थी का ....ये...
टूटा हुआ तार....
अब कैसे जुड़ेगा...?..?..?
बच्चे के सामने लुढ़की हुई
दूध का खाली गिलास...
दूधवाले की सायकिल की
घंटी की ...टन्...टन्...की आवाज़
सब्जी-वाले के
अनायास आ पंहुचने का आभास.....
मुझे ऐसा लग रहा है...
जैसे...ये...सब
एक साथ मिलकर.....
मेरे खिलाफ़
नारेबाजी कर रहे हो
और......मेरा ‘मैं’
स्वयं...अपनी आत्मा के विरूद्ध
आन्दोलन कर रहा हो
जबकि.....
मैं यह भली-भाँति जानता हूं कि,
अपने आप को
कई हिस्सों में बांटने के बरवजूद भी
मैं इनमें से.....
किसी के भी जरूरत के वज़न को

बराबर नहीं कर सकता।
मैं इनमें से किसी को भी...
अब...कल के आश्वासन का
मीठा ज़हर नहीं दे सकता....।
फिर भी....
अपने हांथों में थैला लेकर
एक बार फिर....
ढेर सारी संभावनाओं से जुड़कर
चुपचाप...
राशन की तलाश में निकल पड़ता हूं
क्योंकि....मैं...
अपनी मां की आशा...
पत्नी की खुशियों का संसार......
अपने बच्चे के...
भविष्य का लेखा-जोखा हूं....।।

24. जीवन प्रश्न...

मानव-मस्तिष्क....?
उधार की खेती।
किसी ने गोड़ा.....
किसी ने जोता.....
किसी ने बोया.....
किसी और ने काटा.....।
विवेक....??
रेहन पर रखी गयी सम्पदा...
मन....???
दायित्वों के बोझ से बोझिल।
ज़िन्दगी....???
समुद्री लहरों में
तूफानों के बीच खड़ा....एक बेड़ा।
समय.....????
दो-मुहा सांप....
हर-पल डसने को उद्दत।
जीवन.....???
सांसों की गणित हलकरने का
एक दुस्साहस।

25. सूरज...

मन्दिर की अर्चना
फज़िर की नमाज
गुरूद्वारे की वाणी
की गोद में पला
अरूणांचल की कोख से
जन्मा.....भोर का सूरज.....
चहचहाती चिड़ियों का गीत है......
झरने का अनहद संगीत है.......
अंधियारे पर उजियारे की जीत है......
ऋचाओं के प्रभा-मएडल से मण्डित......
लोहित वर्णी... सप्त अश्व-रथी
ये सूरज.........।
प्रज्ञा का सूत्र....?
प्रेरणा का स्वरूप.....
कर्म का आधार......
बीज का आकार......
तितली का प्यार.....
फूल का मनुहार है
ये सूरज........
हवा का दुलार है
अन्तस का ज्वार है
आग है.....अंगार है
भावना का विस्तार है

जीवन का संस्कार है...।
बांस भर चढ़ा....
सिर पर ठहरा.....
घूप छांह का कारक....
ये सूरज......
आदि है.....अनन्त है
मदन का बसन्त है
प्रार्थना में भजन है
आगत में सृजन है।
स्वर्ण रश्मियों के शौर्य से
प्रखर....ज्वाजल्यमान
ये सूरज.......
पर्वत सा अचल....
मन सा चंचल....
बादल का जल.....
नदियों का कलकल.....
सागर की हलचल......
जीवन का नव-पल है.
दावानल का ताप
अन्तस का उत्ताप समेटे
ये सूरज......
पवन का शोर.....
जिज्ञासा का छोर....
मन की आस्था.....
तन का आचार......
वाणी का विचार......
'ओंम्' का अनुस्वार है।

श्रम का प्रणेता
भू भुवः स्वःका अध्येता
ये सूरज......
राम का यश....
सीता परित्याग......
परीक्षा की आग.....
स्वयं में गौण.....
कुन्ती का मौन.....
कर्ण का प्रश्न.....
महाभारत का कृष्ण.....
द्रौपदी की पुकार.....
अहिल्या का उद्धार है।
करूणा....दया....ममता
सत्य की बोधगम्यता...
लिये श्रद्धा का प्रतीक है
ये सूरज......
बुद्ध का ज्ञान.....
यशोधरा की पहिचान....
गंगा का गान....
यमुना का मान......
सरस्वती का अभिमान है।
गीता की धूरी
महाभारत का साक्ष्य
वाणी का भाष्य
ये सूरज........
सत्य है...
शिव है....

सुन्दर है.......
अन्तस का बोध है
काल के क्रम में
स्वयं इक नया शोध है
ये सूरज.....
डूबता सूरज...
कल का मौन उद्बोध है
''सर्व जनेषु पूजित
पुनातु माम् तत् सवितुर्वरेण्यम्.....।।

26. आसमान...

धरती की छत
सूरज का ठांव
चंदा का गांव
तारों का मान
बादल की आन
ये खुला वितान
नीला आसमान
कितना महान है।
बार-बार उठती हैं निगाहें
ऋणी सी....धरती की ओर.....
कृतज्ञता भरी....।
मैं तो अग्नि-गर्भा थी
एक तुम्हीं तो हो
जिसने अपनी अजस्र धारायें देकर
सतत अंकुरण का
मातृत्व देते हुए
मुझे बनाया है.....
शस्य श्यामला.....वसुन्धरा....।।
लगता है मेरी बातें सुनकर
तुम्हारा चेहरा रक्ताभ हो गया है
झांक कर देखो....
ऐसा भी क्या शरमाना...कि,
तुम्हारे चेहरे की लाली से...

सारा सागर गुलाल हो जाये........।
एक छोर से दूसरे छोर तक फैली
अपनी बांहों में भरकर
ऋतुओं का उपहार......देकर
तुमने ही तो बनाया है......मुझे नवोढ़ा...।
जानते हो.....मैं अपने भाग्य पर इतराती
पांखी बनी.....
उन्मुक्तता के गीत गाती
अपने यौवन सुषमा में अकसर खो जाती हूं।
तुम कभी पवन बनकर दुलराते हो
कभी धूप बनकर...चिढ़ाते हो
कभी बादल बनकर
अटूट प्यार बरसाते हो
आखिर....इतना प्यार
कौन किससे जताता है......(?)
न...न....न...ऽ...
तुम भावुक मत होना....।
सुनो....!
जाने अनजाने
कोई जान न पाये....ये सम्बन्ध
मेरे अन्दर का......बसन्त
तुम यूंही दूरी बनाये रखना
बस ऐसे ही......मेध-मल्हार
गाते हुए आ जाना.....
बूंद-बूंद बरस कर
मेरे सूने मरूथल की....
कनक-रेख....सी.....अन्तस-नद को

फिर से भर जाना....।
मैं तुम्हें दूंगी.....गेंहूं की बाली
धान की हरियाली.....
मटरफली में इतराती मोतियां...
नव-कोपलों की मस्तियां...
चांद के चंद्रिका की अठखेलियां....
गुड़हल के फूलों की लाली...
बेला की मन-मोहती गंध...
चम्पा की कैथई सुगंध....
गुलाब की खुसबू....
छुईमुई सा अनजाना....संकोच।
सुनो....! तुम बादल बनकर...
तनिक और झुककर
मेरे हांथों में मेंहदी लगाना
और मैं.......
नदियों में उफान भरकर
सागर तट के निकट पंहुचकर
तुम्हारे चरणों को छूने की
कोशिश करूंगी......
शकुन्तला बनी
तुम्हारी राह तकूंगी....
अहिल्या की तरह
अपने राम के प्रति.....
हमेशा उपकृत रहूंगी......।।

27. हवा...

उन्चास वेगों की गतिशीलता लिए
ये हवा.... अब कुछ नहीं कहती
सांसों में घुली
पानी में मिली
छांह में खिली
घूप को मुह चिढ़ाती...
ये हवा..... अब,
पुरवा बनकर नहीं गुननाती।
तारों की छांह
धरती की करवट
पत्तों की थिरकन
मौसम की सिहरन
जाड़े का पहाड़ा
गर्मी का अखाड़ा
सावन की मीत
बसन्त के गीत की
आरोह....अवरोह सी....ये हवा
अब मन को नहीं गुदगुदाती....।
अंधकार के निर्जन कोने में
सूनेपन के अवसाद में खोई
हवा का मिज़ाज....
लगता है.....बिगड़ गया है
धरती का आंचल...शायद

ढुलक गया है......
सारा का सारा मातृत्व
आवरण विहीन हो गया है।
बदली हुयी हवा
गौरैया के बिखरे दानों को
समेट ले गयी है
बाज के पंजे के नाखूनों को कुछ
और तेज कर गयी है
मुझे तो लगता है.....ये हवा,
यकायक कहीं ठहर गयी है
या फिर.... जरूर कहीं
कांक्रीट के जंगलों में
अपना रास्ता भटक गयी है।
अब तो पेड़ों के पत्ते भी
सिर हिलाकर....हवा की
मौजूदगी की हांमी नहीं भरते
आदमी का दम घुट रहा है
राजनीति सीना फुला रही है
निवाला हांथों से दूर हो गया है
जिन्दगी मुंह चिढ़ा रही है...।
झूठ ने सच के पैरों को
जंजीरों से जकड़ रखा है
सूरज अंधियारे की
चाकरी कर रहा है.......
यौवन का आंचल लज्जा को कम
पेट को ज्यादा ढंक रहा है.....
यहां पसीने की गंध अब,

किसी को भली नहीं लग रही है
लगता है......हवा की सोच
धीरे-धीरे करवट बदल रही है...।
अब ये हवा......
नथुनों से बार-बार आती-जाती
आम आदमी के फेफड़ों की
धौंकनी में कैद हो गयी है
ठकुराइस की बखरी में
संकेतों पर चलने वाली
बंधुआ की बकरी हो गई है
एक बार फिर चौसर..... पांसा
के दांव में फंसी....बेचारी
निरीह....द्रौपदी हो गयी है।
सांय....सांय करती
गांव को छोड़कर भागी
शहर को कांधे पर लादे
रस्सी पर बांस के सहारे
रोज नए-नए करतब दिखाती
ये हवा.....
लगता है...अब नटी हो गयी है।
ये हवा''''' अब कहां हवा रह गयी है
लगता है......आम आदमी की
सारी की सारी हवा खिसक गयी है।।

28. नदी...

धरती के अन्तस-गर्भी
ताप से जन्मी
मैं नदी हूं........
अपनी सहनशील मां की
निर्मलमना बेटी हूं.......
मुझे बादलों ने दुलराया है
हवाओं ने हंसाया है
धूप ने खिलाया है
पर्वतों ने गोद में उठाया है।
तट-बंधों में बंधी
सीमाओं को तोड़ती
कभी सकुचाती.....
कभी इठलाती......
कभी बल खाती.....
मैं जवान हुयी हूं।
लहरो सा मन....
वेग भरे जीवन के साथ
गन्तव्य की अटूट
प्यास लिए..... मैं
कभी पत्थरों से टकरायी
कभी बीहड़ों से गुजरी
कभी जंगलों में भटकी
अपने पथ पर चलती

अपनी विशालता पर
इतराने वाली मैं....
आज कितनी मलीन हो गयी हूं।
गंगा.....गोदावरी.....
यमुना.....सरस्वती.....
के समबोधनों ने......
मुझे कभी..... मां बनाया
कभी......बहिन
मेरा जल....
कभी आचमन बना
तो कभी......नमन
इस छल को भी
मैं.... चुपचाप......
करती रही सहन
आज मैं......
कुलिन विहीन हो गयी हूं।
अपने अस्तित्व को तलाशती
जल-मल से युत
पूरी की पूरी आंसू हूं
मैं जानती हूं.......
मेरा खारापन किसी को
भला नहीं लग रहा है
विश्वास टूट गया है
मन फूट-फूटकर रो रहा है
मेरा होना.....अपने होने का
दर्द.......ढो रहा है......।
सच है..... ये सम्बोधन

अपने पथ पर चलती
नारी को छलते ही तो आए हैं
अहिल्या को पत्नी कहकर
सीता को मां बुलाकर....
द्रोपदी को पुत्र-वधू बनाकर।
आखिर मुझे भी तो .....
सम्बोधनों का दर्द ढ़ोना है
अपने आप को खोकर भी
इन सम्बोधनों के लिए होना है।
ओ! जननी....शस्य श्यामला...घरती!!
कल जब,
धूप मुझे सुखा जाएगी
हवा अपने साथ उड़ा ले जाएगी
तब मैं.......बादल बनकर
बारिश में ढ़लकर......
तेरी छाती से लिपट जाउंगी
तू......मां है.......
अपनी बेटी के दर्द को जानती है
सम्बोधनों से परे........
बिना कुछ कहे..........
सारे रिश्ते पहिचानती है......।।

29. धरती...

अब नहीं दुलराती है.....धरती!
अब नहीं पुचकारता है.....आसमान...!!
टूट गयी है
धरती के सहने की सीमा
तन गया है आकाश.....
ऊपर कहीं और ऊपर.....
सूरज को हो गया है 'मैं' का रोग।
जहां तक दौड़ती है नजर
दिखते हैं......उगे हुए कैक्टस
ऊसर लगने लगी है.....ये धरती
सूखे होठों पर तिरती ज़ुबान
व्यक्त करने लगी है
अन्तस के प्यास की आतुरता
लेकिन/पैरों को जकड़ रखे हैं
अविश्वास के अजगर.......
भर गयी है उनमें
जन्मो की थकान......
अब नहीं लगता...
ये धरती अपनी है
जो कभी थी.....मां...s...ss....
सौतेली लगती है.....।
सचमुच पराई हो गयी है.....ये धरती
पुराने विश्वास की तरह....अनुभूति की....

तुलसी सी सूख गयी है.....
अपनी पहिचान खो गयी है......
ये धरती....लगता है उसे
समूची निगल गयी है।
क्या....धरती की उर्वरा शक्ति पर
खारेपन की परत चढ़ गयी है...?..?
अब वह कहां अपनी रह गयी है.....(?)
ये धरती.....
अपनी होकर भी....पराई हो गयी है।।

30. बर्फ की सफेद परत...

अब कुछ नही हो सकता
भीतर की आग बुझ गयी है
जिस्म में लिपटी हुई
वर्फ की सफेद परत
और मोटी हो गयी है........।
आवश्यक है.....
बाहर इतनी आग सुलगे (कि)
उससे उठता हुआ
ढेर सारा धुंआ......
आंखों और नथुनों से गुजर कर
दिल को जोर-जोर से
धड़कने पर मजबूर कर दे.......
शायद जमा हुआ...रक्त
फिर से शिराओं में दौड़ने लगे
इस बेहुदे मौसम के उतार-चढ़ाव को
आम आदमी समझने लगे
वैसे तो......
पूरा का पूरा मौसम इतना ठंडा है (कि)
गुनगुनी धूप.....
सिर के ऊपर से गुजर जाती है
इसके बावजूद.....
मौसमी हवायें....दांतों को
किटकिटाने के लिए

मजबूर कर जाती हैं।
जरूरत है....
सूरज बांस भर चढ़ जाए
आदमी के सिर के ऊपर ठहर जाए
और.....इतनी आग बरसाये
कि, मस्तिष्क की
सारी की सारी नसें चटख जायें
ताकि
जिस्म पर लिपटी हुई
वर्फ की सफेद परत
पानी-पानी हों जाये
शायद भीतर की आग सुलगे और....
इास बेइमान...कुहिरिल भरे
मौसम के ख़िलाफ आवाज़ उठे....।।

31. बरसात...

रात भर बारिश होती रही
ना तो बादलों को चैन था
और....ना ही मुझे।
आखिर....
घुन लगे बांसों की रीढ़ के बूते
छप्पर.....इस बेमानी मौसम से
कब-तक बरजोरी कर सकता है?
जबकि....बरसात /ज्यादातर,
उन्हीं घरों पर मेहरबान होती है
जिन घरों के छप्परों की
रीढ़ टूट चुकी होती है।
हांलाकि....समय ने,
छप्पर के साथ ही साथ
रीढ़ की हड्डी भी
तोड़कर रख दी है।
सुना है......बिना रीढ़ का आदमी
भागता नहीं.....सिर्फ घिसटता है
पेट पर
बाहरी दबाव महसूस करता है।
सच है.....तभी तो,
छप्पर से टपकती हुयी
बारिश की बूंदें
पेट पर गिर कर.....

गर्म तवे की भांति
छन्न....s...s...से उड़ जाती हैं
और.....घोर अंधेरे में भी
अपनी जीत का अहसास
कराने के लिए
बंद आंखों को.....
खोलने पर मजबूर कर जाती हैं/शायद
भूख की तपन
आग की आंच से...
ज्यादा तेज होती है/इसीलिए,
भूख से निढाल मेरी बिटिया
पानी से डूबे हुए फर्श को भूलकर
एकटक चूल्हे को तक रही होती है
सचमुच....यह बरसात भी....कभी-कभी,
कितनी बेमजा चीज होती है
घिसटते हुए आदमी को
यकायक रोक देती है.....।
गुमसुम सी लेटी....मेरी बेटी
मुझसे कुछ नहीं कह रही है
लगता है.....वह भी
मरी तरह ही सोच रही है/कि,
यह बरसात भी....
कितनी बेमजा चीज होती है
घिसटते हुए आदमी को
एकदम से रोक....देती है.....।।

32. बुद्ध...ईसा...महावीर...

मत टटोलो अपनी जेबें
फेंक दो तीलियां
हांथ में जकड़ी हुई
माचिस की डिब्बियां।
मेरे दोस्त
बारूद की आग से
जला करती है
पड़ोसी की दुकान
दिखायी पड़ती है
सड़क पर चिथड़ी लाशें
या फिर
ढुलक जाती है
पटरी पर दौड़ती हुयी कोई ट्रेन
जानते हो.......
मंदिर......मस्ज़िद....
गिरजा.....गुरूद्वारा से
उठता हुआ काला धुआं
देश समाज को ही नहीं चीरता
अपितु आत्मा को भी लकीर देता है।
हां....हां...टटोलो....
जी भर कर टटोलो.....अपने भीतर,
गर....आग है....तो
ढूंढ लाओ सबेरा.....

मिटा दो अंधेरा....

पोंछ दो आंसू......

भर दो विश्वास......

दूर कर दो संत्रास.....

बनकर दिखाओ.....s..s...

तुलसी......कबीर...

या फिर.....मीर....

बोओ सच के बीच

उगाओ अहिंसा की फसल

गाओ प्रेम के गीत.......।

मत कुरेदो

अपने अन्तस की चिंगारी को

जब यह चिंगारी सुलगती है

तब कहां... सच की गुंजाइश रहती है.(?)

केवल उठता है धुआं

छा जातता है गुबार

लोग ढोते हैं.....मौन संत्रास

मुझे तो डर है.....कहीं तुम्हारा

सारा का सारा अस्तित्व

धुंए के गुवार में खो न जाये

ये मौन संत्रास.....कहीं चुपचाप

तुम्हे निगल न जाये.....??

तलाशना है.....तो तलाशो

अपने भीतर की आग.....

ऐसी आग.......

जो अपने ताप से पिघलाकर

तुम्हें.....बना दे.....मरूस्थल में

जल की एक बूंद.........
स्वयं में ......निमग्न
एकल निर्झर.....
प्रेम की कल-कल
नाद समेटे
प्रवाहमान.....सरिता.....
अन्तस की गहराई में लीन
सागर गंभीर.....
या फिर,
मौन साधक.....स्वयं में तल्लीन
जैसे
बुद्ध.....ईसा.....अथवा महावीर....।।

33. मुझे तो डर है...

रिसते हुए मवादी-घाव का
दर्द सह.....चुपचाप उसे सहलाना
इसे देखकर.....
मुझे तो डर लगने लगा है
कहीं तुम्हारी चुप्पी
घाव को नासूर ना बना दे.......।
सचमुच.....मैने तुम्हे देखा है,
इतिहास के
पलटाये गए हर पन्नों में
कभी तुम्हारी एकलव्य सी निष्ठा
तो कभी....कर्ण सी उदारता
हा...हां...s...बोलो!
कर्ण की उदारता लेकर,
कुन्ती के आंसू पोंछने वाले
कब-तक बाणों की भीख दे देकर
मृत्यु के कगार पर खड़े रहोगे ?
मुझे तो डर है.....
कहीं तुम्हारी एकलव्य सी निष्ठा
बार-बार अंगूंठा दान की प्रवृति पर
कहीं तुम्हे......
कुछ कहने कों मजबूर न कर दे ??

हां....मैं जानता हूं
कभी भी....कोई भी....आवाज़
न तो दबती है.....न तो मरती है
एक निश्चित अवधि तक
केवल शून्य में विचरती है।
लेकिन तुम्हारी आवाज़ को तो....
सैकड़ो हांथ गहरे गर्त में दफ़न सी है
तुम्हारे होंठों पर
एक अंजानी चुप्पी सी है.....
सच-सच बताना.....क्या यह
आने वाले कल का अभास है
अथवा
तुम्हारी पीड़ा....आह.....कसक....
घुटन....संत्रास का एहसास है।
हां...हां...मैं ये भी जानता हूं...
तुम्हारे विवेक के आगे
दीवार खड़ी कर यह कहने को
मजबूर कर दिया गया है
कि तुम लोगों की
तीमारदारी की....पराकाष्ठा हो।
मुझे तो सचमुच डर लगने लगा है
व्यर्थ की टंगी हुई तस्वीरों के
रंगो के आभास से /कि ये,
किसी कुहरिल मौसम से कम नहीं
तुम्हारी चुप्पी...
रिसते हुए नासूरी घाव को
देखकर लगने लगा है कि,

यह आनें वाले कल का
प्रश्न चिन्ह का...एक संकेत मात्र है
इसके अलावा और कुछ भी नहीं।।

34. योजनाओं का देश...

मेरे भाई!
यह योजनाओं का देश है
यहां सिर्फ योजनायें बनती हैं
खूब बनती है......
छोटी योजना/बड़ी योजना
लेकिन हर बड़ी योजना
छोटी योजना को ऐसे पचा जाती है
जैसे बड़ी मछली...छोटी मछली को
समूची निगल जाती है।
लगता है.....इस बार
बहुत सटीक योजना है....
दुर्योधन शकुनि की ही नहीं
कृष्ण की भी मंत्रणा है।
वह... जो कि,
पाञ्चजन्य शंख को फूंकता हुआ
हमेशा शांति की बातें करता रहा है
अब....मित्रता को ताक पर रखकर
अविश्वास का
प्रस्ताव पारित कर रहा है/ताकि,
इस महाभारत युद्ध का नायक
अर्जुन नहीं अपितु दुर्योधन रहे
कम से कम अबकी तो

उसकी दिल्ली बची रहे.......।
बस इसीलिये......कृष्ण ने
हस्तिनापुर के बाहर....अपना
पाञ्चजन्य शंख फूंकना शुरू कर दिया है
इस युद्ध में अर्जुन की हार को देखते हुए
विदेशी घोड़ों की लगाम को थाम लिया है।
सच पूछों तो
स्वयं की हीन-भावना से ग्रसित
फिर से गीता का उपदेश शुरू कर दिया है।
लेकिन मेरे भाई....यह गीता कुरूक्षेत्र की नही
दिल्ली के राज प्रसाद की है
महाभारत के इस युद्ध में
अर्जुन कैसे गाण्डीव का त्याग कर
रथ के पृष्ठ भाग में जा बैठे
बस इस बात की है।
सचमुच...दुर्योधन के बड़े काम की है।
ताकि, वह पूर्व जन्म का बैर भंजा सके
कम से कम इस बार तो
द्रोपदी को नंगा नचा सके।
उसे याद है अभी
जंघों पर भीम का तीव्र गदा प्रहार
पितामह भीष्म को दिया गया
शर शैया का उपहार/इसी से तो लगता है...
अबकी बड़ी सटीक योजना है
पाण्डव पांच ही तो है....
सिर्फ पंच वर्षीय योजना है

एक के लिए एक वर्ष काफी है
कार्यवाही शीघ्र होगी/केवल
वेद-व्यास की सहमति बाकी है।

35. कल का इतिहास...

अब सोचने से कुछ नहीं होगा
अनास्था के सांप का
सिर कुचलने से कुछ नहीं होगा
क्योंकि....स्वप्न छल रहा है
दिवा के आभास को
अंधियारा निगल रहा है
सुबह के प्रकाश को।
कारण,
अहम् की भावना
कल्पना की कोठरी में पैठ गयी है
और सिकुड़े.....सिमटे
घुटने में मुंह छिपाये
व्यक्ति के विकास को छल रही है।
आशा ज़नाज़ा....
उसे ढोने वाले लोगों के
पांव के निशान......
लाश से उठती हुयी सड़ांध
सब कुछ एक दिन दब जायेगी
किसी मलवे के ढेर के नीचे/अथवा
संवेदना के आंसू के फुहार के तले....
सिर्फ निराशा की लौह कड़ियों में
जकड़ी रहेगी आत्मा
विवेक पट्टिका में

तीखे नाखूनों से कुरेद कर
लिखी नजर आयेगी...इक इबारत (कि)
यह बिका हुआ इंसान है
पांचाली पतियों सा
द्यूत-क्रीड़ा में छला गया
आज का भगवान है।
फिर से गुजरे वक्त के इतिहास की
एक कथा चलेगी
शिशुपाल अपराध करेगा
दुःशासन द्रोपदी का चीर खींचेगा
इन सब कृत्यों का जन्म-दाता
शकुनि...अपने मद में मदांध रहेगा
महाभारत का एक अंत-हीन युद्ध चलेगा
शायद....फिर से किसी निरपराध
अभिमन्यु की जान जायेगी
लेकिन्.......
अब किसी गीता का जन्म नहीं होगा
सत्य की राह पर
कोई कृष्ण सहायक नहीं होगा
कारण
छल की शिलाओं पर अहम की लेखनी से
इस इतिहास का पुनर्जन्म होगा.....
क्योंकि,
अब का जनमेजय
परीक्षित को डसने वाले तक्षक को
मित्रता का प्रस्ताव भेजता है
अपने पूर्वज के हत्यारे के माथे पर

उसके शौर्य का टीका करता है.....और फिर
एक दिन विश्वास के गले में
छल का फंदा डाल
अपने मजबूत हांथों से
रस्सी का छोर खींच लेता है
ताकि....दुनिया जान ले
अहम किसी के पराजय में बसती है
विजय श्री.....हमेशा
विश्वास का
गला घोटने वाले को मिलती है।।

36. एक अन्तहीन युद्ध...

सूरज बांस भर चढ़कर
सिर के ऊपर पंहुच कर
ठहर गया है।
भूख की आग में सेंकी
पसीने से गूंथी.....आटे की रोटी
आंख के नमकीन पानी के साथ
खाते-खाते......बेमज़ा स्वाद
मन को......आखिरी परत तक
कसैलेपन से भर गया है।
लगता है....आम आदमी का क़द
बहुत घट हो गया है
या फिर.....
आम आदमी अपनी सतह से
बहुत नीचे धंस गया है।
आकाश नारों की गूंज से अटा है
हिंजड़ा मौसम
दीवार बनकर सामने खड़ा है।
राजनैतिक बिसातें बिछी हैं
न जाने कितनी द्रौपदियों की
इज्जत दांव पर लगी है
इसके बावजूद....अर्जुन....
अर्जुन नहीं.....बृहन्नला लग रहा है
युधिष्ठिर अकर्मण्य बना

समझौता का
रास्ता खोज रहा है।
मेरे दोस्त....!
यह कोई महाभारत का युद्ध नहीं नहीं है
बल्कि....
अघोषित आन्तरिक उद्वेग का वेग है
जोकि....पुनः महाभारत के युद्ध सा
नजर आ रहा है।
सेना-नायक
अपने-अपने दलों की घोषणायें कर रहें है
वे जाति और धर्म के नाम पर
लोगों को
अपने-अपने पक्ष में शामिल कर रहे हैं
कृष्ण...अर्जुन से विशालता का ढोंग रचकर
दोनों पक्षों के मध्य में खड़े हैं।
वे अर्जुन को शस्त्र त्यागने....और...
दुर्योधन को
युद्ध के लिए उकसा रहे हैं।
अभिमन्यु.......
पहले की तरह बिल्कुल अकेला है
अन्तर केवल इतना है कि,
वह युद्ध से घबड़ा रहा है
योद्धाओं को पीठ दिखाकर
युद्ध से भाग रहा है।
कर्ण पहले भी मौन था
आज भी मौन है.....
मां के होते हुए भी/वह

ममता के लिए बेचैन है।
भीम आक्रोश से उन्मत्त है
वह सत्ता के लिए नहीं अपितु
पेट की आग से त्रस्त है।
मेरे भाई.....!
क्या कोई बता सकता है कि,
ये किस उद्देश्य के लिए लड़ेंगे
आखि़्ार किससे लड़ेंगे....
किस बात के लिए लड़ेंगे
नहीं....नहीं...मेरे दोस्त.... नहीं
ये जब भी लड़ेंगे
सिर्फ आपस में लड़ेंगे
बिना किसी उद्देश्य के लड़ेंगे....
जब भी लड़ेंगे....अपने स्वार्थ के लिए लड़ेंगे।
कुरूक्षेत्र की लड़ाई
प्रजा के हितों के लिए लड़ी गयी थी
लेकिन अबकी बार की लड़ाई
सिर्फ कुर्सी के लिए लड़ी जाएगी
कहते हुए ज़ुबान कटती है....
यह लड़ाई जब भी लड़ी जायेगी
ये धरती...
समूची धरती..... हर ओर-छोर से
रक्त में डूबी हुयी नजर आएगी......।।

तुम कहो तो सही
तोड़ तटबंध दूं
तुम कहो तो सही
लिख अनुबंध दूं
मेरी बांहो में आ
प्यार दे दूं तुम्हें
आज तुमको तुम्हारी
मैं सौगंध दूं।।

37. लुढ़के स्वतः कुछ नैनों से मोती...

एक स्वप्न-संगी
स्वर्णकांति सी कायामयी
दुग्ध-धोत सी प्रतिमा
ऋतुपति सी श्रृगांरिका
मुक्त कुंतली
हास संग किया उद्भोधित मुझे
हृदय का प्रकम्पन
चाक्षुस प्रलोभन से
कर न सका मै मुक्त मन को
हद्-हस्त थाम हो गया जड़ मैं।
ज्यों निर्जन....कान्तर में गूंजता
किसी का गीत करूणतम
वह एकाकीपन या बैराग्य का गीत होता
जड़ को चेतन बना
पवन संग भावना के श्रोत में बहता।
त्यों उदग्रीव मुद्रा
स्पर्ष-दंश दिया मुझको।
ओ.....चकित वत्स!
मैं हूं देश-माता तेरी
वेड़ियों का बोझ
लौह-कड़ी झंकार नहीं अब
मांगल्य-सिंन्दूर

भाल-टीका वाली मैं
सागर सम ले रात्रि वैभव
पूनमी मयंक अंक शायनी मैं
पर....मम कलान्त वदन निरख
सुदिन में दृष्टगत दुर्दिन प्रखरता
धौत-वस्त्र धूल धूसरिता
अश्रु नयन.....शिथिल तन
मम विशाल हृदय की नीरवता से
तू क्यों स्वप्न दूरागत हुआ.....?
मानवता महोत्सव में
बांसुरी संगीत सुना
तूने ही तो किया था
मन में पुलक जागृत
एकता के सूत से बुन धौत वस्त्र
किया था मुझे अर्पित......और मैं,
जन-गण का ध्वज ले
अपने भाग्य पर इठला रही थी
अपने कर्म-वीर पूत पर
बार-बार मैं वारि हो रही थी
अब कांप रहा थर-थर तन मेरा
हंसने में भी होती स्मृति पीड़ा
अपने ही तो हैं सब जन
जैसे मिट्टी में
बीज पेड़ फल-फूल की लीला।
फिर मैं आज..... पूछती सबसे
अपने ही घर में खुद कैसे रची प्रवञ्चना
ऊषा के नूपुर भी न खनके थे

चूड़ियां तोड़ी तम ने
टूटा उसका सपना
मैं फैला कर अपना मैला आंचल
जोकि आंसू से अब गीला है
करती इतनी याचना तुमसे
छोटा हो या बड़ा
सारा गेह तो अपना है।
फिर क्यों ईर्ष्या की आग जला
दुखातुर करते मुझको
आओ अंक समेट लूं सबको
मां का प्यार सौंपू मैं तुमको।
धीरे-धीरे लोप हो गयी
मेरे सम्मुख से वह ज्योती
आकुल हो ज्यों नैन उघारे
लुढ़के स्वतः कुछ नैनों से मोती।।

38. स्तब्धता...

एकाएक सब कुछ स्तब्ध सा हो गया था
चलती हुयी वायु......
कांपती हुयी नाड़ी........
घड़कता हुआ दिल.....
एक मूक सा प्रसंग उठ खड़ा हुआ था
जिसे मात्र
नैनों की भाषा समझने में सक्षम थी
जिस तरह काले-कलूटे बादल
दैत्यों की तरह अपनी बांह पसारे
रूपसी संध्या के पीछे दौड़ रहें हो
और...वह निरीह सी बनी
दैन्यता की परिभाषा अपनी आंखें में भरे हो
लेकिन यह स्तब्धता.....क्षणिक थी
सब कुछ फिर से वैसा ही था
चलती हुयी वायु.....
धड़कता हुआ दिल.....
केवल परिवर्तन का लक्ष्य था
प्रकृति का प्रांगण
शरीर की ये अहमता/लेकिन अब
धरती का मैला आंचल
शरीर के भीतर प्रविष्ट अहम का बोध
पहले जैसा कुछ भी न था

इस परिवर्तन का दर्शक एक मात्र
मैं ही शेष था...जाकि हरपल घटित होकर भी
बच निकला था।

39. न कहने वाली बात...

हुजूर.......!
आपने आंखों में चश्मा पहनकर
केवल शीसे के आर-पार देखा है
लेकिन......चिलचिलाती धूप में
गिट्टी तोड़ती हुई ये अंगुलियां
मालिक की गाली सुनते हुए ये कान
जीभ से निकलने से पहले
रूकती हुयी ज़ुबान.....के साथ मैंने,
आपके चमचमाते हुए
जूते की पालिश में
अपना चेहरा चेहरा झांककर देखा है।
सच बताऊं...... मेरे बाल
जाड़ा.....गर्मी.....बरसात से नहीं
अपितु....आपके चेहरे के उतार-चढ़ाव को
देखते हुए सफेद हुये हैं...।
आपने तो केवल कार का शीशा उतार कर
शीशे के आर-पार देखा है
क्या करूं....?...सच कहते हुए
ज़ुबान कटती है.....मैने तो
आप जैसे लोगों के भीतर झांककर देखा है।
जी हां....वहां सिर्फ मांस का लोथड़ा है
जोकि सांसों के साथ धड़कता है
बराबरी वालों के साथ चहकता है

हम जैसों पर ओले सा बरसता है।
सच तो यह है....
वह पत्थर से भी कहीं ज्यादा कड़ा है।
क्या करूं.....पेट वज़ह है....इसीलिये
सच कहता कहता अक्सर डर गया हूं
दुनिया वालों की निगाह मे
मैं...... बहुत दब्बू हो गया हूं।
जी हां..... मैने उसे समझाया था
वह भीड़ के आगे
जोर-जोर से चीख चीखकर
नारे लगा रहा था
जैसे पहले कभी लोगों ने
आज़ादी के लिए नारे लगाये थे
लेकिन वह कमबख्त
यह तो भूल ही गया कि....बदले में
लोगो को जेल जाना पड़ा था
फांसी में भी लटकना पड़ा था
अब आप ही बताइये
अगर उसका बाप बुख़ार में
दो दिन और तड़प लेता.....तो
कौन सा आसमान सिर पर टूट पड़ता
हुजूर....वेवकूफ है......इसीलिये
जख्म लिए अस्पताल में तड़प रहा है
बाप.....बिना मौत के
मौत की घड़ी गिन रहा है।
जी हां....अब कल से ऐसी कोई बात
सामने नहीं आयेगी

अपना हक़ मांगने वालों की मांगे
उनके दिलों में कुलबुलायेंगी।
वैसे तो आप जानते ही हैं......
हम तो.....
भूखे ही सो जाने के आदी हैं
लेकिन क्या करें.......??
बच्चों की भूख ने
हमारे मुंह में दबी हुई
ज़ुबान को कड़ुआहट दे दी....
इसीलिये
दिल में दबे हुए ज़ज्बात की चिनगी
आग बनकर भड़क उठी
आपसे न कहने बाली बात भी
यकायक ज़ुबान से फिसल पड़ी.....।।

40. अन्तस सरगम...

यकायक वीणा
मूक सी हो गयी थी
वीणा के तार स्तब्ध से हो गए थे
इस पर किसी का जोर न था
लेकिन......अचानक
बाह्य सरगम की जगह
अन्तस सरगम का राग बज उठा था
कारण.......
हमारा अनुदेशक
हमारी.....साधना को
बाह्य सरगम और अन्तस के रागों पर
बार-बार जोर देकर
यह विश्वास दिला देना चाहता था कि,
हम सुख की वीणा छेड़ सकते हैं
फिर भी.....साधक की सच्ची साधना में
कला प्रेम की अर्चना में
यदि अन्तस राग बज उठा था
(अन्तस चेतना मिल गयी थी)
इसमें किसी का दोष नहीं था
ना तो वीणा का....ना तो साधक का
और ना ही.......साधक की साधना का

वह तो’......एक उद्‌बोध था
जोकि...समय के साथ मिल गया था।

41. एक सवाल...

मैंने जिन्दगी से
कई सवाल पूछने चाहे/लेकिन
सभी का उत्तर.....गुमसुम सा......
चुपचाप सा रहा है.....ठीक,
एक कड़ुआ सच बनकर.....।
जैसे....तांबे के बर्तन में रखा हुआ मट्ठा
और हम.....उस कड़ुवे कसैले
घूंट को पीने के लिए जैसे आतुर हैं।
मैंने जिन्दगी के गले में
बांहों का हार डालकर जीवन मांगा
अक्सर तिरस्कार के रूप में प्रतिकार मिला
मुझे लगा....जैसे मेरी बांहे.....
बांहे न होकर लकड़ी की ठूंठ हो गयी हों
जो जिन्दगी के श्वांस.....निःश्वांस की झंझा में
न जाने कब से इस शरीर रूपी वृक्ष से
अलग होना चाह रहीं हो
मैंने जिन्दगी की कल्पना में
अपना ठूंठा अस्तित्व लेकर
मील के पत्थर जैसा
जड़ होकर जीना चाहा.....लेकिन,
जीवन के पथ में....जिन्दगी की खोज में
चलने वाल राहगीरों ने रास्ते की धूल उड़ाकर

मेरे अस्तित्व के ऊपर ऐसी
मोटी गर्द की पर्त जमा कर दी है/कि
मैं दिशा शून्य सा बनकर रह गया हूं।।

42. शब्दों के अर्थ...

शब्दों के केचुल को निकाल कर
अर्थ को परिभाषित करना
तुम खूब जानते हो....../लेकिन
बोध वृक्ष के तले बैठे
तुम कोई बोधिस्त्व तो नहीं (कि)
तुम्हारे अहिंसावादी उपदेश से
फिर कोई अंगुलीमार
सिर झुकाकर
अपने किए पर पछताता हुआ
चुपचाप आंसू बहायेगा।
हां....हां...लाद .....दो
अपनी मान्यताओ का सारा का सारा बोझ
हमारी पीठ पर
विरासत से यही तो ढ़ोते रहे हैं.....हम
विश्वास न हो .....देख लो
टूटी हुयी रीढ़ की हड्डी
अब कोई सीना तान कर
सिर उठाकर
तुम्हारे सामने सिर उठाकर
खड़े होने की हिम्मत नहीं कर सकेगा
विश्वास करो.....वह भी डरकर भाग गयी है
जोकि, अपनी कोख से
भगत.....सुभाष को

जन्म देने की बातें कर रही थी
सच मानो....अब कभी
वर्तमान को
भूत से जोड़ने की कोशिश नहीं करेगी
लेकिन क्या करे....?
इन अखबारी व्यक्तित्व के लोगो का
जोकि
हर बात को वेमतलब.....
बाजारू जिज्ञासा का विज्ञापन बना देते हैं।
चिन्तन को प्रदूषित करने की
अतिरिक्त चेष्टा में संदर्भ को
कुरेद कर लिख ही देते हैं....कि,
पंजाब जल उठा है......
कश्मीर में आग भड़की है......
दो-आब में हलचल है.......
मैं जानता हू....इसके बावजूद/तुम
कागजी बुर्जियों के पीछे
अपनी स्वत्तीय बवैचारिक विराटता के साथ
यूं ही आराध्य बने रहोगे
पेट और क्षणों की खाई को
सांस्कृतिक उदात्ता के नाम पर
पहले की तरह.......पाटते रहोगे।
मेरे भाई.....तुम आम आदमी तो हो नहीं
(कि) भूख के तराजू में रखी
एक पलड़े में रखी रोटी
दूसरे पलड़े की लंगोटी
का वनज बराबर करने की कोशिश करो

तुम तो...बस व्यवस्था के
इस तराजू के कांटे को
कभी रोटी.....तो कभी लंगोटी की तरफ
अपनी आदत के अनुसार
झुकाते रहोगे जबकि...यथार्थ यह है/कि,
आतंकवाद के घने जंगलों में
जिन्दगी हमें बासी वस्त्रों सा
उतार कर चली गयी है
आम आदमी.....एक तनाव भरे
सन्नाटे में.....जी रहा है......।
सारा शहर
जंगल की ओर भाग रहा है
प्रत्येक बस्ती में.......एक नया
अभयारण्य तैयार हो रहा है।।

43. ईमान...

यहां जितने भी बरतन हैं
हर-एक की पेंदी में छेद है
जिसमें से.....
कहीं न कहीं से
कुछ न कुछ....
थोड़ा बहुत....बूंद बूंद कर
ईमान रिस रहा है
हर कोई एक दूसरे को
दोष दे रहा है।
विश्वास करो.....तनिक भी
मरम्मत की गुंजाइश नहीं है
मेरी बात सुनकर चौंको मत
सोचो आखिर ऐसा क्यों हो रहा है ?
इस तरह घूर-घूर कर
मत देखों ओर.....देखना ही है....तो
देखो अपने पैरों के तले......देखा!
चुपचाप धूप.........
तुम्हारे पेरों के नीचे से खिसक कर
मखमली लान को पार कर
छुईमुई सी बालकनी के कोने में
दुबक कर बैठ गयी है.....आंखों में
अंधेरे का एहसास भर गयी है।
हां...हां....उड़ाओ

सिगरेट के उगले हुए
धुयें के गोल-गोल छल्ले
खांसी के साथ खांसकर उगल दो
अपने भीतर का सारा का सारा गुबार
थोड़ा और सिकोड़ लो....अपनी परेशानी
ताकि, उभर आयें
माथे की सिलवटी लकीरें
इसीके साथ बन जाओगे तुम
स्वायत्व बोध के विचारक
हां.....हां.....लपेट दो अपनी
भाषा का सारा का सारा वस्त्र
ईमान के नंगे शरीर पर.....जानते हो!
ईमान एक अलभ्य वेश्या हे
वह एकान्त की उत्तेजना
बर्दाश्त नहीं कर पायेगी।
हमेशा की तरह एकान्त के क्षणों में
तुम्हारे पहिनाये गए भाषा के सारे वस्त्र....
एक-एक कर उतार फेंकेगी
तुम भले ही
भरे हुए गुब्बारे की तरह
दमें के जोर से फूले हुए
अपने फेफड़ों को लेकर
ब्रह्मांड की अपरिमेयता मापने के प्रयास में
अपनी वैचारिक विराटता सिद्ध कर दो
लेकिन'......
पेट की परिधि को
मापने की कल्पना मात्र से

तुम्हारे दोनो फेफड़ों में भरी
सारी की सारी हवा
फिस्स.....ऽ....ऽ....ऽ..से
बाहर निकल जायेगी...?
तुम तो बस,
शब्दों की जुगाली करो
अर्थों के केचुल को जन्म दो
मत बोलो.......बोलो मत...
हठात्....जब कुछ बोलने ही लगते हो
तो ऐसा लगता है......जैसे अंधेरे में
ईमान को बलात् भोगकर.....
उजाले में......उसकी कोख को
बेईमान ठहरा रहे हो........।।

44. मैं चुप हूं...

बोलने से पहले
खुद को तौलना जरूरी है
उसके बाद चुप रहना.....मजबूरी हे।
मैं चुप हूं....इसलिए नहीं कि
मैं अंधियारों से डरता हूं.....चुप हूं
कहीं सुबह का सूरज मैला न हो जाए ?
मेरे भाई! मुंह में दबी हुयी ज़ुबान
शायद......कभी कभी बोला नहीं करती
लेकिन सब कुछ
सुनती है.....गुनती है....
फिर महसूस करती है.....इसी से
दांतों के बीच में अक्सर दबी-दबी रहती है
मैं चुप हूं.....इसलिये नहीं कि,
आवाज़ उठा नहीं सकता
डर है.....आवाज़ की गूंज कहीं....
सोच की हवा का मिज़ाज न बदल दे।
मेरे दोस्त.....!!
कोई भी जन्म से दब्बू नहीं होता
उसके खून के बहाव को
खून के चढ़ाव को
खून के फैलाव को
ऊपरी दबाव से दबाकर
दब्बू बनने के लिए.....

उसे मजबूर कर दिया जाता है
जबकि......
मेरे पास खून को बहाव
उसे शिराओं में दौड़ाने /अथवा
खून में उबाल लाने
वाली कोई बाते नहीं हैं।
मैं चुप हूं.....इसलिये नहीं कि
मुझे आदमी की पहिचान नहीं है
चुप हूं इसलिये.....कहीं
खून उबलकर विषैला न हो जाये।
मैं जानता हूं.....तुम यही कहोगे कि,
मेरा पानी मर गया है.....
मेरे भाई..... पानी कभी मरता नहीं
पानी सिर्फ सूखता है
सूखने से पहले अक्सर
गर्म होता है.....उबाल लेता है।
मैं चुप हूं.....इसलिये नहीं कि....
इन बदमाश हवाओं से ड़रता हूं
चुप हूं.....कहीं पानी चढ़कर
मटमैला न हो जायें।
हो सकता है....तुम मुझे न जानों
लेकिन मैं अपनी निगाहों में
अपने आपको को पहिचानता हूं
मैं क्या हूं स्वयं को जानता हूं....
शायद इसीलिये....इस सिरफिरी सभ्यता की
मुझसे तिमारदारी नहीं की जाती
इन वहशी हवाओं की कभी

तरफदारी नहीं की जाती
स्वार्थ की संकीर्णता में
अपने ईमान के इस दहकते हुए
सूरज की गिरफ्तारी नहीं दी जाती......।
मैं चुप हूं......इसलिये नहीं कि
मैं अंधियारे से डरता हूं
चुप हूं मेरे भाई......महज इसलिए
कहीं अंधियारे की साख पर
रोशनी का मन कसैला न हो जाये......।।

45. आखिर कब तक...

आखिर कब तक
आराजकता का अभिशाप
ढोती रहेगी आत्मा.....?
आखिर कब...तक....
नपुंसक रहेगी.....व्यवस्था....??
आखिर कब...... तक......
बिकता रहेगा आदमी
दागता रहेगा गोली.....
छलनी करता रहेगा
ईमान का सीना''''''"???
कब तक.....आखिर......कब तक
होठों पर मौन चिपकाये
शान्त रहेगी ये पीढ़ी....
कोई तो उठो.....कोई तो पूछो....
किसके इशारे पर.....
उसने रंगे हैं.....अपने खून में हांथ
किसके कहने पर....
मानवता हो रही है अनाथ...
कहां बेच आया है वो अपना ज़मीर.....
क्या ईमान से भी ज्यादा
कीमती है.....कोई जागीर..?
ईसा की बाइबिल....
नानक की गुरूवाणी.....

कुरान की आयतें......
कब कहा करती हैं कि
धर्म के नाम पर
उतारो अपना जुनून....
अपने ही हांथो कर दो
अपनी मां....का खून...?
फिर मैं ये कैसे लिख दूं
ये सत्ता के लिये नही.....अपितु
सत्य के लिये लड़ते हैं.....?
ईमान कहीं मर न जाये.....इसी से
मुसस्सल ईमान के लिये मरते हैं...?
आखिर कैसे लिख दूं कि
ये धन की नहीं.....धर्म की लड़ाई है
जो मरा.......
वो दुश्मन नहीं.....अपना ही भाई है।
भले ही कानून की धारायें कर दे माफ़
लेकिन सतलुज की धार
एक न एक दिन....जरूर मांगेगी
अपने नमक....पानी...का...हिसाब
कश्मीर से कन्या कुमारी तक
बस एक ही है आवाज़
रोको .....ये हत्या है...हत्या
आतंकवाद एक छल है.....
इसका कहां सुनहरा कल है...??
मेरे दोस्त.....
ये गंगा की लहर....
यमुना का पानी

सरस्वती का शाश्वत् प्रवाह
कभी किसी को माफ नहीं करेगा
इन नदियों का पावन संगम
कभी तेरा पाप साफ नहीं करेगा
एक न एक दिन तेरा ही खून
खुद तेरे लिये सवाल बनेगा
क्योंकि.......
तू हत्यारा है.....हत्यारा....
ईसा का.....गांधी का.....
हमारी आस्था का.....हमारे विश्वास का।।

46. मेरे मरने के बाद...

मैं जानता हूं.
मेरे मरने के बाद
जितनी आंखें भीगेंगी कहीं
उससे ज्यादा होंठ मुस्करायेंगे।
मैं मानता हूं........
मौत एक स्वाभाविक प्रक्रिया है
फिर भी....मैं मरना नहीं चाहता
मैं अपने मरने से पहले
तमतमाये हुए सूरज के
जलने का कारण जानना चाहता हूं
मेरे भाई.......!
कोई यूं ही व्यर्थ नहीं जला करता
कारण की भट्ठी में गर्म लहू
उबाल लेता है.......तब कहीं
आक्रोश का धुआं
उसके चेहरे पर दिखाई देता है।
मैं.....यह भी जानता हूं
सूरज के जलने का कारण
जानने से पहले
मुझे अपने आप से लड़ना होगा
भीतर ही भीतर सुलगना होगा
इस क्रिया की प्रक्रिया के फलस्वरूप
हर प्रतिक्रिया से मुझे गुजरना होगा।

हांलाकि......सूरज
अभी पहुँच से कोसों दूर है
फिर भी जलन का एहसास...
ज्वालामुखी बनकर
कहीं भीतर ही भीतर पैठ गया है
हर पल लावा बनकर
फूटने को आतुर हो गया है
जबकि,
बारूद की गंध से
बिगड़ा हुआ हवा का मिज़ाज
धरती के सीने को
चीरती हुई
बन्दूक की गोली की आवाज़....
अभी भी शून्य में तैर रही है
कानों में अंगुली देने पर भी
चुपचाप.....
आत्मा को लकीर रही है।
मेरे भाई.....!!
ज्वालामुखी फूटने की अपेक्षा
मस्तिष्क का फटना.......
कही ज्यादा खतरनाक है।
सोई हुयी आत्मा को
जगाने से पहले.....
उसे कुचलना......कहीं
उससे भी ज्यादा शर्मनाक है।
विवशता यह है कि,
सूरज के ऊपर छाये

अंधेरे के चेहरे पर.......अब
निगाहें नहीं ठहरती
उसे मय का कोढ़ उग आया है
वास्तविकता यह है कि,
आगे और कोई पड़ाव नहीं है
इसीलिये......
मुझे सूरज के साथ जलना होगा
ज्वालामुखी के फटने तक
मुझे...यहीं कहीं....ठहरना होगा।।

47. आवाज़...

किसे आवाज़ दे रहे हो....?
कोई नहीं सुनेगा.....
दिशाओं के कान हो गए हैं बहरे
जिन्दगी के द्वार पर
बैठाये गए हैं.... इतने पहरे कि,
तुम्हारी आवाज़.....
आसानी से...जज़्ब हो जायेगी
किसी के कान पे.... जूं तक नहीं रेंगेगी।
मेरे दोस्त.....
अभी तो ढाल पर हैं हम
अनेक मोड़ो वाली गलियों में
मत आवाज़ दो....क्योंकि,
कोलाहल के वातायन से झांक रहीं हैं
शरीर को झुलसाने वाली....
अनेक अग्नि-शायक रश्मियां
उनकी कोलाहली भीड़ में
तुम्हारी आवाज़ दब जायेगी।
प्रतीक्षा करो.....अंधेरा के होने तक
जब एक सन्नाटा सा छा जायेगा
और....तुम्हारी आवाज़

रात के कलेजे को चीरकर
एक जज़्बे को आवाज़ देगा.....।।